# Analiza książki

# Pięćdziesiąt twarzy Greya

· · · · · · · · · · · · · · · · · ·

E. L. James

# ANALIZA KSIĄŻKI

Napisany przez René Henri
Przetłumaczony przez Kâmil Kowalski

# Pięćdziesiąt twarzy Greya

E. L. JAMES

**E.L. JAMES**     **5**

Autorka brytyjska     5

***PIĘĆDZIESIĄT TWARZY GREYA***     **6**

Współczesna baśń     6

**PODSUMOWANIE**     **7**

Pięćdziesiąt twarzy Greya     7

Ciemniejsza strona Greya     9

Nowe oblicze Greya     13

**STUDIUM POSTACI**     **16**

Christian Grey     16

Anastasia Rose Steele     18

Kate Kavanagh     19

Elena Lincoln     20

Grace Trevelyan Grey     21

Elliot Grey     21

Mia Grey     22

Jason Taylor     22

**ANALIZA**     **23**

Symbol świętej dziewicy     23

Motyw poddania się     25

Dynamiczny Książę z Bajki     27

Szeroko krytykowana praca     29

'Mommy porn' i przyczyny sukcesu     31

**DALSZA REFLEKSJA**     **35**

Kilka pytań do przemyślenia…     35

**DALSZA LEKTURA**     **36**

Wydanie referencyjne     36

Opracowanie źródłowe     36

# E.L. JAMES

## AUTORKA BRYTYJSKA

- **Urodzona w Londynie w 1963 r.**

- **Prace:**

    ○ *Pięćdziesiąt twarzy Greya* (2011), powieść

    ○ *Ciemniejsza strona Greya* (2011), powieść

    ○ *Nowe oblicze Greya* (2012), powieść

Urodzona w Londynie w 1963 roku Erika Leonard to brytyjska pisarka, bardziej znana pod pseudonimem E.L. James. Sławę przysporzyła jej trylogia Fifty Shades: *Pięćdziesiąt twarzy Greya, Ciemniejsza strona Greya* i *Nowe oblicze Greya.*

Początkowo autorka samodzielnie publikowała w internecie fanfiction (historie pisane przez fanów w celu rozszerzenia lub zmiany powieści, filmu lub innego produktu medialnego, który lubią), zainspirowane sagą *Zmierzch* (2005-2010) Stephanie Meyer. Następnie jej historia doprowadziła do powstania powieści *Pięćdziesiąt twarzy Greya.*

Prasa kategoryzuje trylogię jako "mommy porn" lub literaturę pornograficzną dla "gospodyń domowych" poniżej pięćdziesiątki. Powieść odniosła taki sukces, że w 2012 roku magazyn *Time* umieścił Erikę Leonard na swojej corocznej liście stu najbardziej wpływowych ludzi na świecie.

# PIĘĆDZIESIĄT TWARZY GREYA

## WSPÓŁCZESNA BAŚŃ

- **Gatunek:** Romans erotyczny
- **Wydanie referencyjne:** James, E.L. (2015) *Fifty Shades of Grey & Grey.* London: Arrow Books.
- **Pierwsze wydania:** 2011-2012
- **Tematy:** miłość, seksualność, uległość, pożądanie, zazdrość, zemsta

Anastasia Rose Steele, studentka literatury, poznaje Christiana Greya, bogatego i szczególnie atrakcyjnego biznesmena. To miłość od pierwszego wejrzenia, ale psychologiczne blizny Greya po trudnej przeszłości rodzą w młodej kobiecie bolesne pytania. Para przechodzi przez dużo trudności związanych zarówno z trudną przeszłością Christiana, jak i z próbami pójścia na kompromis w kwestii swoich jednostkowych potrzeb i pragnień.

Po sprzedaniu ponad siedemdziesięciu milionów egzemplarzy na całym świecie, *Pięćdziesiąt twarzy Greya* zostało wybrane jako literatura popularna roku 2012 na National Book Awards. W 2014 roku pojawiła się adaptacja filmowa.

# PODSUMOWANIE

## PIĘĆDZIESIĄT TWARZY GREYA

Anastasia Rose Steele, młoda studentka literatury, przeprowadza dla gazety uniwersyteckiej wywiad z Christianem Greyem (potentatem firmy *Grey Enterprises Holdings*) na temat uroczystości zakończenia studiów, na której wygłasza on przemówienie. Podczas ich rozmowy Christian porusza problemy głodu na świecie i swoich planów zakończenia biedy. Początkowo Ana bierze go za zimnego i pretensjonalnego manipulatora, ale później uświadamia sobie, jaki jest naprawdę i rozumie, że on również doświadczył głodu, zanim został adoptowany przez Greyów, co wyjaśnia, dlaczego jego projekt jest tak bliski jego sercu. Czuje się zaniepokojona tym człowiekiem, który wydaje jej się zarówno arogancki, jak i atrakcyjny.

Christian również ulega urokowi Any i nawet decyduje się zbadać jej życie, aby zobaczyć ją ponownie. Zaprowadza go to do sklepu z narzędziami *Clayton's* po dowiedzeniu się, że pracuje tam po zajęciach. To tutaj dowiaduje się o rozczarowaniu najlepszej przyjaciółki Any, Kate, redaktorki studenckiej gazety, na wieść, że nie ma oryginalnych zdjęć do zilustrowania artykułu. Chcąc ponownie zobaczyć Anę, Grey zgadza się na sesję zdjęciową, a następnie zaprasza młodą kobietę na drinka. Kilka godzin po ich randce wręcza jej oryginalne wydanie *Tessy d'Urberville* Thomasa Hardy'ego (brytyjski pisarz, 1840-1928), które jest warte fortunę.

Aby uczcić sukces ostatniego roku studiów, Ana wychodzi na kilka drinków. Po pijanemu dzwoni do Christiana, by zapytać go, dlaczego wysłał jej tak ekstrawagancki prezent. Wściekły i zaniepokojony jej pijaństwem, autorytatywnie ogłasza, że przychodzi po nią i zabiera ją do siebie. Następnego dnia odprowadza ją do domu i całuje. Tego wieczoru zabiera ją helikopterem do swojego apartamentu w Seattle, gdzie wręcza jej dwa kontrakty; jeden obejmujący umowę o poufności dotyczącą spraw biznesowych i prywatnych Greya, drugi określający zasady ich związku. Dotyczą one higieny osobistej, stylu życia, dress code'u, wymogów wierności itp. Pokazuje jej również swój pokój zabaw zawierający kolekcję instrumentów i akcesoriów BDSM: kobieca uległość to jego przyjemność. Jeśli Ana chce z nim być, musi zaakceptować warunki umowy, co oznacza, że musi stale wykonywać wszystkie jego polecenia. W kontrakcie związku napisane jest zdanie: "Dominujący akceptuje Uległą jako swoją, z prawem do posiadania, kontrolowania, dominowania i dyscyplinowania w czasie obowiązywania Umowy". Podczas ich wspólnie spędzonego czasu odkrywa ona, że nie może on znieść dotykania przez nią pewnych części jego klatki piersiowej, gdzie ma blizny.

Rano Christian przedstawia Anę swojej matce, która przyjechała go odwiedzić, czego nigdy wcześniej nie robił. Przyznaje też inne przywileje Anie: jest pierwszą z jego uległych, która lata helikopterem i pierwszą, z którą dzieli łóżko.

Ana postanawia jednak wyjechać na kilka dni do matki w Savannah i zrobić krok do tyłu, by przemyśleć ten nowy związek. Zbyt wiele pytań ją prześladuje: czy on kocha ją po prostu jako zabawkę? Dlaczego nie może go dotknąć? Dlaczego on chce ją krzywdzić? Co oznaczają jego niewczesne zmiany nastroju? Ona pragnie więcej czułości i lekkości.

W Savannah jej przemyślenia przerywa niespodziewany przyjazd Christiana. Korzysta z okazji, by dowiedzieć się o nim więcej, ale on ujawnia tylko pewne elementy swojej przeszłości: został rozprawiczony w wieku piętnastu lat przez przyjaciółkę swojej matki, Eleny Lincoln, która wykorzystywała go jako swoją zabawkę. Potem miał wiele związków "dominująco-poddańczych" i dlatego nigdy nie uprawiał tradycyjnego seksu. Jednak bez Eleny prawdopodobnie skończyłby tak jak jego matka: jako prostytutka, narkoman i samobójca, ze względu na swoje autodestrukcyjne skłonności. Nienawidząc siebie, wierzy, że jedyna droga do miłości wiąże się z karą i brutalnością.

Do tej pory Ana czerpała przyjemność z seksualnych zabaw z Christianem. Ale kiedy pozwala mu robić to, czego naprawdę chce, pod warunkiem, że może go dotykać, uderza ją tak mocno, że decyduje, że nie może tolerować tego rodzaju seksualności. Jego doświadczenie pozwala jej wziąć miarę jego deprawacji i niezdolności do kochania i bycia kochanym. Z tego powodu postanawia odejść. Oboje są zdruzgotani, do tego stopnia, że ona ostatecznie uznaje ból fizyczny za bardziej znośny niż cierpienie moralne.

## CIEMNIEJSZA STRONA GREYA

Po bolesnym rozstaniu Christian i Ana postanawiają do siebie wrócić. On zapewnia ją, że jest dla niego ważna, bo sprawiła, że zaczął inaczej patrzeć na pewne sprawy i dała mu nadzieję na wyzdrowienie. Tak naprawdę chciałby przeżyć z nią klasyczną historię miłosną. Wzruszona Ana również deklaruje swoją miłość do niego. Głębia ich nowego związku zachęca Christiana do większego zaufania: ujawnia, że alfons jego matki bił ich oboje i że spędził cztery dni, torturowany głodem, obok zwłok matki po tym, jak popełniła samobójstwo. Oskarża ją, że nigdy go nie kochała, bo nigdy nie zrobiła nic, by ochronić go przed alfonsem, i udaje, że on też nigdy jej nie kochał.

Niedługo potem Christian kupuje SIP, firmę wydawniczą, w której Ana pracuje jako osobista asystentka. Dzięki swojemu nowemu statusowi może teraz ingerować w życie zawodowe swojej kochanki wedle uznania. Tak właśnie się dzieje, gdy Jack Hyde, szef Any, prosi młodą kobietę, by towarzyszyła mu w podróży do Nowego Jorku na Sympozjum Fikcji. Christian, świadomy reputacji Jacka i jego stosunku do asystentek, zabrania tego i pilnuje, by Jack pojechał sam. Ana jest oburzona, że w ten sposób ingeruje w jej karierę. Jednak Christian ma rację: Jack jest wobec niej niestosownie bezpośredni.

Ze złością zarzuca mu, że nie szanuje jej życia prywatnego: zna numer jej konta, kupił firmę, w której pracuje, by ją kontrolować, ma zapisy wszystkich jej danych osobowych itd.

Jack Hyde nie daje się nabrać na szwindle Greya. W rzeczywistości, szybko uświadamia sobie, że odwołał wycieczkę Any do Nowego Jorku i podejrzewa inne wpływy. W związku z tym, staje się coraz bardziej agresywny w swoich zalotach w kierunku Any. Ostatecznie posuwa się zbyt daleko, zmuszając ją do obrony: ta szybko kopie go i ucieka. Christian natychmiast zwalnia Jacka i awansuje Anę na jego stanowisko.

Jakiś czas później Leila, była uległa Christiana, czeka przed firmą, aby zobaczyć, co Ana ma, czego ona nie ma. Leila miała nadzieję na romans z Christianem, ale on ją odrzucił, pozostawiając jej złamane serce. W zemście pokrywa samochód Any farbą i przebija jej opony. Kiedy Christian dowiaduje się, jest tak przestraszony, że Leila zaatakuje Anę, że nie pozwala jej iść do pracy bez eskorty członka jego ochrony.

Po powrocie do mieszkania Ana zastaje Leilę z bronią w ręku. Jednak niebezpieczeństwo zostaje szybko zażegnane: Christian przybywa chwilę później i przyjmuje rolę dominującego, tak jak to robił wcześniej. Leila poddaje się natychmiast, a Christian zabiera ją do szpitala psychiatrycznego.

Ana, będąc świadkiem dominująco-poddańczego związku między nimi, czuje się niezdolna do zapewnienia swojemu kochankowi tego, czego on potrzebuje i obawia się, że nie będzie wystarczająca. Sposób, w jaki wyraża swoje obawy przed Christianem, wywołuje u niego obawy, że ona go opuści, ponieważ nie wierzy już w ich związek. Pogrążony w rozpaczy pada przed nią na kolana i przyjmuje postawę uległą, bez wątpienia taką samą, jaką miał z Eleną. Ana jest zszokowana, widząc go jako maltretowanego i zaniedbanego chłopca, który kultywuje nienawiść do siebie i wierzy, że jest niegodny miłości. Próbując go uspokoić, wyjaśnia, że boi się, że on zmęczy się nią i ich związkiem. Nie rozumie, dlaczego on ją kocha i obawia się, podobnie jak on, że go straci. Christian zapewnia ją, że chce ją tylko chronić przed niebezpieczeństwem i nie ma zamiaru wznawiać swojego związku z Leilą. Czuje, że z Aną wszystko jest inaczej i jedyne czego pragnie to poślubić ją. Ta intensywna rozmowa skłania go do poproszenia jej o dotknięcie zakazanych części jego klatki piersiowej. Chce, by w przyszłości mogła tolerować ten kontakt.

Aby uspokoić Anę, Christian zgadza się zabrać ją ze sobą na wizytę u swojego psychiatry. Dr Flynn zapewnia ją, że Christian ewoluował bardziej niż kiedykolwiek, odkąd ją poznał. Jego przybrani rodzice, Greyowie, którzy są bardzo wdzięczni Anie, również zauważyli tę zmianę: Christian jest szczęśliwy i beztroski jak nigdy dotąd. Miłość, jaką ją darzy, jest niezaprzeczalna.

Pewnego dnia, podczas podróży helikopterem, Christian zaginął, co wywołało niepokój i rozpacz u Any i jej rodziny. Ku ich ogromnej uldze, pojawia się ponownie w nocy: ogon jego helikoptera zapalił się. To Jack majstrował przy silniku, by zemścić się na Grey'u i mimo niepowodzenia tej operacji, nie zamierza na tym poprzestać. Christian, zaskoczony komitetem powitalnym (płaczący łzami ulgi), do którego wraca do domu, nie może już zaprzeczyć, że jest otoczony przez ludzi, którzy go kochają.

Na swoim przyjęciu urodzinowym ogłasza wszystkim, że zamierza poślubić Anę. Elena, szalona z zazdrości, czepia się jej, gdy nikt nie patrzy, ale Ana odrzuca jej uwagi i wylewa drinka na kobietę. Zaalarmowany, Christian karci Elenę za to, że nigdy nie powiedziała mu, że go kocha i ani razu nie wzięła go w ramiona. Elena zostaje następnie wyproszona przez matkę Christiana, Grace, która policzkuje ją, kiedy przechodzi.

Christian klęka na jedno kolano na poddaszu, które jest ozdobione kwiatami w najbardziej romantyczny sposób, jaki można sobie wyobrazić, i prezentuje jej zapierający dech w piersiach pierścionek jako swoje formalne oświadczyny.

Wyjawia też Anie, że kupił dom, który odwiedzili, dom o powierzchni kilkuset metrów kwadratowych z dwoma hektarami ziemi i pięknym widokiem.

## NOWE OBLICZE GREYA

Po powrocie z miesiąca miodowego Christian chce zaproponować Anie, jako prezent ślubny, swoje miejsce na czele SIP, ale ona z powodu braku doświadczenia ma problem z wyobrażeniem sobie siebie kierującej firmą wydawniczą.

Pomimo ich małżeństwa, wciąż dochodzi między nimi do licznych sporów z powodu zaborczego charakteru Christiana, jego obsesyjnej potrzeby kontrolowania wszystkiego, w tym jej, oraz sposobu, w jaki postrzega ją jako jeden ze swoich majątków. W rzeczywistości Christian chciałby, aby świat jego żony ograniczał się do granic jego własnego. Tymczasem ona chce zachować swoją niezależność. Intencje Christiana są jednak takie, by chronić ją najlepiej jak potrafi przed grożącym im niebezpieczeństwem. Ma rację, gdyż w serwerowni Grey Enterprises Holdings dochodzi do podpalenia, a kamery monitoringu identyfikują na miejscu zdarzenia Jacka Hyde'a.

Chwilę później Ana planuje wieczór ze swoją najlepszą przyjaciółką, Kate. Jednak, biorąc pod uwagę niepokojący kontekst, Christian każe jej obiecać, że zostanie w mieszkaniu. Ana zgadza się, ale błagania Kate przekonują ją, by poszła do baru na koktajle. Po powrocie Ana odkrywa przewrócony stolik w holu, potłuczony wazon i Jacka Hyde'a leżącego u stóp jej ochroniarza: planował ją porwać. Christian jest absolutnie wściekły, że go nie posłuchała. Ana jednak staje w swojej obronie: jest osobą wolną, a nie poddaną. To powiedziawszy, wie, że on pragnie ją chronić, ponieważ nie był w stanie ochronić swojej matki. Jack Hyde zostaje aresztowany i osadzony w areszcie za próbę porwania i podpalenia, ale wkrótce zostaje zwolniony.

Przeciwności losu targają Aną: jej ojczym, Ray, ulega poważnemu wypadkowi samochodowemu. Na szczęście po długim pobycie w szpitalu wraca do zdrowia. Ponadto ostatnie wydarzenia sprawiają, że młoda kobieta zapomniała o zastrzykach antykoncepcyjnych i zachodzi w ciążę. Christiana ogarnia złość, gdyż nie czuje się gotowy do roli ojca. Urodził się z matką, która nie potrafiła go chronić i okazywać mu uczuć, więc boi się, że będzie złym rodzicem.

Później Christian w końcu opowiada Anie swoją historię z Eleną Lincoln. Wyjaśnia, jak zrobiłby dla niej wszystko i że ona również bardzo mu pomogła ze swojej strony. W rzeczywistości to dzięki niej udało mu się przestać pić. Ponadto przekonała go do pilnowania się w szkole: by przestał się ciągle bić i dostawał dobre stopnie. Pozwolił jej kontrolować go i podejmować za niego wszystkie decyzje, ponieważ sam nie był wtedy w stanie tego zrobić. Całkowicie negatywny obraz własnej osoby sprawił, że uwierzył, iż zasługuje na bicie. Ale teraz, kiedy ma zostać ojcem, zdaje sobie sprawę, że to, co zrobili, było złe.

Pewnego dnia Ana otrzymuje telefon od Mii, siostry Christiana, ale to Jack odbiera. Porwał on Mię i grozi, że zrobi jej krzywdę, jeśli Ana nie da mu pięciu milionów dolarów. Następnie udaje się do banku i wkłada pieniądze do samochodu wskazanego przez Hyde'a. Podczas tej operacji Jack uderza ją, ale ona wyciąga pistolet i strzela mu w nogę. Na szczęście Christian odnajduje żonę za pomocą nadajnika GPS i szybko przybywa na miejsce zdarzenia.

Jack zostaje po raz kolejny aresztowany i wychodzi na jaw, że za pierwszym razem za kaucją wyszedł były mąż Eleny. Kilka lat temu uderzył on swoją żonę, gdy dowiedział się o jej związku z Christianem. W zemście Christian planuje go zrujnować, wykupując jego firmę i wystawiając ją na aukcję kawałek po kawałku dla najwyżej licytującego.

Stopniowo odkrywana jest historia Jacka: jego ojciec zginął po bójce w barze, matka była alkoholiczką, a on sam przenoszony był z domu do domu, nieustannie popadając w kłopoty z prawem, aż w końcu udało mu się wyjść na prostą, zdobywając doskonałe oceny i budując niezwykłą karierę. Ma też dość zdeprawowane życie seksualne. Dlatego Christian dochodzi do przekonania, że są do siebie podobni, ale Ana zapewnia go, że łączy ich tylko to, że obaj mieli trudne dzieciństwo i obaj urodzili się w Detroit. Jednak Jack i Christian również obaj mieszkali z tą samą rodziną zastępczą, dlatego Christian znalazł informacje o swojej rodzinie na komputerze Hyde'a. W końcu rozumie, że Jack czuł do niego nienawiść, ponieważ został adoptowany przez Greyów, kiedy mogli wybrać jego.

Kilka miesięcy później Christian i Ana zostają dumnymi rodzicami Theodora. Na horyzoncie pojawia się również drugie szczęśliwe wydarzenie, ponieważ Ana jest w ciąży z dziewczynką, Phoebe. Christian, który czuje się lepiej sam ze sobą, okazuje się być bardzo dobrym ojcem. Co do Any, to przejęła SIP i zwiększyła jego rentowność poprzez dywersyfikację na eBooki. Oboje kochają się bezgranicznie i bezwarunkowo, i w końcu udaje im się znaleźć zdrową równowagę w ich związku pomiędzy każdym z ich pragnień.

# STUDIUM POSTACI

## CHRISTIAN GREY

Młody mężczyzna o szarych oczach i bardzo dobrej prezencji, Christian jest potężnym biznesmenem stojącym na czele własnej firmy, *Grey Enterprises Holdings*, która uczyniła go ogromnie bogatym. Firma ta zajmuje się między innymi rozwiązywaniem problemów społecznych. Pasjonując się nowymi technologiami, Grey stara się wykorzystać je do zwiększenia wydajności w krajach trzeciego świata. Tak więc, nawet jeśli nie chce się do tego przyznać, jest dobrym, hojnym filantropem.

Twierdzi, że jest racjonalny: jego decyzje oparte są na logice i faktach. Swój sukces zawdzięcza talentowi, który pozwala mu otaczać się dobrymi pracownikami, którymi skutecznie kieruje, oraz instynktowi rozwijania silnych pomysłów o dużym potencjale. Sam siebie określa jako biznesmena o pojedynczym umyśle, indywidualistę i materialistę. Bogactwo staje się jego udziałem, gdyż jest kompulsywnym konsumentem. Jednak najbardziej charakterystyczną cechą jego charakteru jest potrzeba kontrolowania wszystkiego: to prawdziwy maniak kontroli. Tak więc na pierwszy rzut oka Grey wydaje się zarozumiały, arogancki, zimny i despotyczny.

Jest też człowiekiem tajemniczym, którego nastroje zmieniają się nieustannie. Jest nieuchwytny i nieprzewidywalny, co nadaje mu stronę mylącą i frustrującą. Rzeczywiście, może być ciepły w jednej chwili, a zimny w następnej; zabawny i czuły, a następnie autorytatywny, dominujący i zamknięty. Jest więc zarówno romantykiem, jak i manipulującym uwodzicielem.

Jego matka była narkomanką i prostytutką bitą przez swojego alfonsa, on również był poddawany przemocy. Skończyło się to tym, że popełniła samobójstwo, a nikt nie zauważył jej zniknięcia; przebywał z jej zwłokami przez cztery dni. Dopiero lekarz pogotowia Grace Trevelyan Grey, która była na dyżurze, gdy Christian trafił do szpitala po tej tragedii, przygarnęła go. Wraz z mężem zaadoptowała go, ale musiał przejść przez kilka rodzin zastępczych, dopóki nie dopełniono formalności administracyjnych. Kiedy Greyowie przeprowadzili się do Seattle, adoptowali swoje trzecie dziecko, Mię. To dzięki niej Christian zaczął mówić. W sumie miał trudne dzieciństwo i ma wiele psychicznych blizn.

W wieku nastoletnim stał się agresywny i zaczął potajemnie pić. Około piętnastego roku życia rozpoczął związek z Eleną Lincoln, przyjaciółką swojej matki. Zdominowała go i traktowała jak zabawkę seksualną, co akceptował, uważając, że nie zasługuje na inne traktowanie. To właśnie ona wprowadziła go w świat BDSM. Ta seksualna praktyka nauczyła go kontrolować swoje emocje i kanalizować gniew. Z tego trudnego okresu zachował swoją kruchość i tendencje autodestrukcyjne. Nienawidzi siebie i uważa, że nie zasługuje na miłość bliskich. Dlatego Christian Grey uważa się za seksualnego sadystę, wyszukując brunetki, które są podobne do jego matki, aby uczynić je swoimi uległymi, które spełnią wszystkie jego potrzeby i pragnienia, spełniając każde jego życzenie. Spotkanie z Aną ma jednak pozytywny wpływ na jego zdrowie psychiczne. Staje się on zdolny do dawania i otrzymywania miłości.

# ANASTASIA ROSE STEELE

Ana jest młodą studentką literatury angielskiej, która jest tajemnicza i skryta. Trudno jej jest zwierzać się ludziom i bardzo brakuje jej pewności siebie. Jej ojciec zginął dzień po jej narodzinach w wypadku podczas szkolenia w marynarce wojennej. To właśnie drugiego męża matki, Raya Steele'a, uważa za swojego prawdziwego ojca, człowieka, który ją wychował. Jest chłopczycą i nie ma takich samych zainteresowań jak inne kobiety w jej wieku, być może ze względu na silne więzi łączące ją z ojczymem, który nauczył ją męskich hobby, takich jak samoobrona, strzelanie i majsterkowanie.

Przed spotkaniem z Christianem Greyem Ana nigdy nie czuła pociągu do mężczyzny, co przypisuje ulubionym powieściom romantycznym, które podnoszą jej ideały w zakresie uczuć do niemożliwych do spełnienia standardów. Ponadto uważa, że ma wiele wad i wątpi w siebie, co sprawia, że jest niepomna na próby uwodzenia jej przez innych ludzi.

Jest prostą i niewinną młodą kobietą. Stosunkowo nieśmiała, poddaje się, gdy Christian oczekuje od niej odpowiedniej uległości, choć twierdzi, że jest niezależna i wolna. W rzeczywistości jest tak otwarta na kompromis, że staje się potulna. Posiadając samokontrolę, Ana potrafi jednak okazać siłę: stawia czoła trudnym przeszkodom bez zbytniego negatywnego nastawienia. Wobec Christiana okazuje się cierpliwa, obecna, tolerancyjna i otwarta. Dobroczynna, chce, aby był szczęśliwy i pracuje w tym kierunku, nawet jeśli wymaga to poświęceń. Miękka i delikatna, jest bardzo ceniona przez swoich przyjaciół i rodzinę.

## KATE KAVANAGH

Kate pochodzi z zamożnej rodziny. Jej ojciec jest założycielem firmy *Media Kavanagh*. Jako redaktor naczelny gazetki studenckiej, aspiruje do zostania dziennikarką. Po ukończeniu szkoły z doskonałymi ocenami ląduje na stażu w *Seattle Times*.

Jako współlokatorki przez cztery lata, Kate i Ana stały się najlepszymi przyjaciółkami. Jednak Kate wydaje się być zupełnym przeciwieństwem Any, ponieważ w przeciwieństwie do niej lubi wychodzić z domu i jest bardzo towarzyska. Podczas gdy Ana boi się zakupów, Kate je uwielbia: wie, że jest kobieca i atrakcyjna, dlatego lubi wyglądać jak najlepiej. Podczas gdy Ana ma mało pewności siebie, Kate jest pełną życia młodą kobietą, która jest otwarta i pewna siebie. Jej uroda przynosi jej uwodzenie ze strony wielu mężczyzn i straciła dziewictwo w młodym wieku, podczas gdy Ana jest jeszcze dziewicą przed związkiem z Christianem. Ma więc duże doświadczenie, ale prawdziwie zakochuje się dopiero, gdy poznaje brata Christiana, Elliota, z którym wychodzi za mąż i ma córkę Avę.

Kate ma wiele zalet: zabawna i inteligentna, ma silny, wytrwały i dobrowolny charakter, który popycha ją do osiągnięcia sukcesu we wszystkim, co robi. Ma jednak tendencję do bycia ciekawską i wścibską. Nie waha się zadawać głęboko osobistych pytań i ma niewielki szacunek dla prywatności ludzi wokół niej. Jest jednak bezinteresowna i chroni Anę. Zawsze chętnie jej pomaga i wspiera. Intuicyjna, rozumie, że relacje między Christianem a jej przyjaciółką są trudne i czuje, że to ją rani. Bardzo szczera, nie waha się mówić swojego zdania i sprzeciwiać Christianowi, w przeciwieństwie do innych kobiet, które się nie wychylają wokół niego. Mimo to cieszy się z dobrego samopoczucia Any, gdy ich związek staje się bardziej konwencjonalny.

## ELENA LINCOLN

Wieloletnia przyjaciółka Christiana Greya, Elena Lincoln jest również jedną z jego współpracownic. Ma silny charakter, jest kompetentną bizneswoman, która wie czego chce. To ona dała mu początkowe fundusze na założenie firmy i kieruje niektórymi salonami piękności, których jest właścicielem. Zawsze ubrana na czarno, jest seksowną i elegancką kobietą, która nie pozostawia żadnego mężczyzny obojętnym. Ana nazywa ją Panią Robinson w nawiązaniu do filmu *Absolwent* (1967).

Jej związek z Christianem rozpoczął się, gdy miał on piętnaście lat i trwał sześć lat. Christian twierdzi, że ta historia była dla niego korzystna i terapeutyczna w tym sensie, że podporządkowanie się Elenie pozwoliło mu skanalizować swoją energię i skupić się na nauce. Ana jednak nie przyjmuje tego do wiadomości, gdyż postrzega Elenę jako "pedofilkę" i starszą panią, która wykorzystała niepokój nastolatka o niskiej samoocenie.

Elena to sprytna, manipulująca i przebiegła kobieta. Szczególnie zazdrosna o miłość Christiana do Any, regularnie interweniuje z zamiarem rozbicia ich związku.

Twierdzi, że miłość jest tylko dla głupców. Dlatego utrzymuje tylko relacje BDSM oparte na chłodzie, bezkompromisowości i nieczułości. Kiedy Christian uświadamia sobie szkody psychiczne, jakie mu wyrządziła, postanawia położyć kres ich zawodowej i przyjacielskiej relacji, na co ona się zgadza. Dla niego jest ona przeszkodą w jakości jego przyszłego ojcostwa. Elena jest dla Christiana zarówno postacią szkodliwą, jak i życzliwą, ponieważ z całą pewnością jest w nim zakochana, choć twierdzi, że to uczucie uważa za idiotyczne.

## GRACE TREVELYAN GREY

Adopcyjna matka Christiana, Elliota i Mii, Grace jest żoną Carricka Greya, błyskotliwego prawnika i biznesmena, z którym mieszka w Waszyngtonie. Jest lekarką oraz słodką i kochającą kobietą, która zawsze znajduje czas dla swojej rodziny. Z otwartymi ramionami wita Anę w rodzinie i jest bezgranicznie wdzięczna, że uszczęśliwia ona jej syna. Próbowała wszystkiego, by wywołać u niego uśmiech po tragicznych mękach, przez które przeszedł. Jest bardzo kochana przez Christiana, który uważa ją za swoją zbawicielkę.

## ELLIOT GREY

Urodzony w Detroit i adoptowany przez Grace i Carricka, Elliot jest starszym bratem Christiana. Na początku nie dogadują się i są wobec siebie podejrzliwi, ale z czasem ich relacje się poprawiają.

Elliot jest młodym mężczyzną o bardzo dobrej prezencji, z której bardzo skorzystał zanim poznał Kate, kumulując związki bez przyszłości. Przed swoim małżeństwem był kolekcjonerem kobiet i dość swobodnym i powierzchownym mężczyzną. Jest również czuły i uczuciowy: poznawszy Kate podczas towarzyszenia Christianowi w odbieraniu Any, gdy ta upiła się na uroczystości akademickiej, nigdy jej nie opuszcza i poświęca się jej, zawsze wierny.

## MIA GREY

Mia była ostatnim dzieckiem adoptowanym przez Greyów. Jest otwartą, młodą i spełnioną kobietą. Jest żywiołowa i energiczna. Mia mówi płynnie po francusku, ponieważ studiowała kuchnię w Paryżu. Gra na wiolonczeli i uwielbia wychodzić z domu. To dzięki niej i jej entuzjazmowi Christian zaczął mówić i poczuł, że warto żyć.

## JASON TAYLOR

Były wojskowy, Taylor jest ochroniarzem Christiana. Jest jego szefem ochrony i osobą, której Christian najbardziej ufa. To bardzo profesjonalny człowiek, na którego można naprawdę liczyć. Dyskretny i milczący, Taylor jest jednak bardzo relatywny i życzliwy. Otrzymał doskonałe wykształcenie. Ana twierdzi, że ma powiew człowieka renesansu ze względu na zamiłowanie do muzyki klasycznej i twórczości Anthony'ego Burgessa (brytyjski pisarz, 1917-1993).

# ANALIZA

## SYMBOL ŚWIĘTEJ DZIEWICY

Na początku powieści postać Anastasii Steele uosabia ikonę Matki Boskiej. Rzeczywiście, posiada ona wiele cech, które zwykle kojarzone są z wizerunkiem świętej dziewicy:

- Jest nieśmiała i skromna;

- Nie interesują jej mężczyźni i nie czuje potrzeby posiadania towarzysza;

- Nie pije i prawie nie chodzi do klubów czy na dekadenckie imprezy;

- Ukrywa swoją kobiecość;

- Jest dziewicą i nie wie nic o seksie.

Krótko mówiąc, Anastasia pozostaje obojętna na wszystko, co dotyczy pragnień i erotyki. Jej czystość jest taka, że nie rozpoznaje nawet pożądania, które ogarnia ją podczas spotkań z Christianem Greyem. Sama mówi, że nie rozumie, co ją nachodzi.

To właśnie po pierwszej nocy w domu Christiana, pod wpływem rozbudzonej zmysłowości, Ana odkrywa masturbację pod prysznicem:

> *"Woda jest ciepła i kojąca. Hmm... mogłabym zostać pod tym prysznicem, w jego łazience, na zawsze. Sięgam po płyn do mycia ciała, a on pachnie nim. To pyszny zapach. Rozcieram go na sobie, fantazjując, że to on – on wciera to niebiańsko pachnące mydło w moje ciało, po piersiach, po*

*brzuchu, między udami swoimi dłońmi o długich palcach. Ojej. Moje bicie serca znów podnosi się, to uczucie jest takie... takie dobre." (Pięćdziesiąt twarzy Greya, rozdział 5)*

Mimo że odczuwa pierwsze formy pożądania i doznań erotycznych, jej czystość prawie nie zostaje naruszona, o ile czytelnik w momentach napięcia może zauważyć pewne wahania Any co do rzeczywistego rozpoznania i przeżycia przyjemności. Ana jest więc nadal przedstawiana jako bardzo młoda i niewinna kobieta, o czym świadczy kilka szczegółów:

- Często nosi włosy w warkoczach;

- Grey nadal nazywa ją "dzieckiem" i czasami nazywa ją "niegrzeczną dziewczynką";

- Nie zna dorosłego świata zawodowego, ponieważ do tej pory była tylko uczennicą i pracowała w sklepie z narzędziami.

To właśnie w obecności Greya Anastasia ulega radykalnej przemianie i traci ignorancję na rzecz nienasyconego pożądania, oddalając się tym samym od symbolu Matki Boskiej. Pozostaje jednak postacią skromną i nie mówi o sobie zbyt wiele. Czytelnik niewiele wie o jej budowie ciała, poza tym co mówi Christian Grey podczas ich wybryków, czyli niewiele poza erotycznymi stereotypami (piękne piersi, piękne nogi, piękne pośladki). Jeśli chodzi o jej pracę, studia i pasje, to są one ledwie poruszone. Tym samym autorka podaje niewiele szczegółów dotyczących psychologii Any, przez co pozostaje ona postacią przezroczystą i naiwną, o pustej osobowości.

# MOTYW PODDANIA SIĘ

Nieśmiały charakter Any prowadzi do nieuniknionego: jej całkowitego poddania się Christianowi Greyowi. Jest również świadoma, że staje się obiektem seksualnym "pojemnikiem – pustym naczyniem, które ma być wypełnione według jego kaprysu" (*Pięćdziesiąt twarzy Greya*, rozdział 12). Jednak zanim doszło do jej seksualnego uzależnienia od Greya, Ana już wcześniej wykazywała tendencje uległe. Rzeczywiście, jej współlokatorka i najlepsza przyjaciółka Kate Kavanagh jest maniaczką kontroli i ma znacznie silniejszą i ekstrawertyczną osobowość. Kate regularnie bierze górę nad Aną, która zgadza się na przykład pójść w jej zastępstwie na wywiad z Greyem wbrew swej woli. Prawdopodobnie nie odważyłaby się odmówić lub wydaje jej się, że nie ma wyboru i musi się podporządkować. Osobowościom uległym, ogólnie rzecz biorąc, brakuje pewności siebie i dotyka je poczucie niższości wobec rówieśników. Tak jest w przypadku Any, zawsze zazdroszczącej i komplementującej urodę, charyzmę i inteligencję Kate.

Co więcej, często nie jest w stanie podjąć żadnej decyzji, nawet w najbardziej błahych kwestiach. Na przykład w restauracji, gdy Grey zamawia za nią, mówi, że odczuwa ulgę, że nie musi wybierać, co zamówić.

Ana jest więc przedstawiona jako postać, której tak bardzo brakuje pewności siebie, do tego stopnia, że musi być otoczona dominującymi osobowościami gotowymi podejmować za nią wszystkie decyzje, by powstrzymać ją przed kierowaniem własnym życiem. Jest nieodpowiedzialna i plastyczna do woli, nie ma więc nic zaskakującego w tym, że porywa ją gra dominacji Greya. Christian opętuje ją tym bardziej, że jest niedoświadczona, o czym nie omieszkuje jej przypomnieć: "Jestem wdzięczny za twoje niedoświadcze-nie. Cenię je [...] Po prostu [...] oznacza to, że jesteś moja pod każdym względem." (*Pięćdziesiąt twarzy Greya*, rozdział 17).

Wzmacnia to archetyp kobiety-przedmiotu, która pozba-wiona dziewictwa staje się nabytkiem mężczyzny i musi być cały czas dostępna, aby zaspokoić jego pragnienia. Ana jest tego świadoma, gdyż czasem czuje, że jest tylko transakcją finansową. Porównuje się nawet do firmy, przyrównując ich związek do "operacji fuzji-akwizycji". Ponadto, jeśli Christian lubi ją ranić, to dlatego, że sprawia mu przyjemność pozosta-wienie swojego autorskiego śladu na jej ciele: "Podoba mi się, że jesteś obolała. To przypomina ci, że tam byłem, ja i nikt inny." (*Pięćdziesiąt twarzy Greya,* rozdział 21). Choć Anastasia podejmuje czasem słabe próby buntu przeciwko temu, jak Grey ją wykorzystuje, ostatecznie sprawia jej to przyjemność i te gry wydają się jej odpowiadać, a wywłaszczenie jej istoty jest znacznie ułatwione dzięki jej pierwotnej pustce. Stopień jej uległości wobec Greya ujawnia się w powieści kilkakrotnie:

- Ciągle mówi "proszę" (aby poprosić o pozwolenie na pój-ście do łazienki lub wyjście, aby poprosić go, żeby jej nie skrzywdził itp;)

- Odpowiada na każde jego żądanie;

- Czuje się jak prostytutka, a wyobrażenie to wzmacniają liczne luksusowe prezenty, które daje jej Christian, podobne do tych, które klient ofiarowuje damie do

towarzystwa (luksusowe restauracje i hotele, stroje wie-
czorowe i bielizna);

- Już pod koniec pierwszej książki uznaje, że wolałaby
zostać brutalnie pobita niż stracić Christiana.

## DYNAMICZNY KSIĄŻĘ Z BAJKI

Zaślepiona sentymentalnymi powieściami i otoczona bajkami Ana wypracowała sobie nieosiągalne ideały miłości.
Jest jednak tego świadoma: "Czasami zastanawiam się, czy
to ze mną jest coś nie tak. Być może zbyt długo przebywałam
w towarzystwie moich literackich bohaterów romantycz-
nych, a co za tym idzie, moje ideały i oczekiwania są zdecydo-
wanie zbyt wysokie. Wciąż nie zostałam dotknięta przez
mężczyznę." (*Pięćdziesiąt twarzy Greya*, rozdział 2). Bohaterka
nie chce zatem oddać swojego dziewictwa za nic mniejszego
niż ideał. Tym samym zaangażowanie w związek staje się
możliwe dopiero wtedy, gdy poznaje Christiana Greya, wzór
księcia z bajki.

Jest to postać nierealna, czysto fantastyczna: jest tak piękny,
że żadna kobieta nie odzywa się do niego bez jąkania się i
rumienienia. Innymi słowy, jest całkowicie nie do odparcia.
Jest również niezwykle bogaty: Grey jest ambitnym człowiekiem, który zrobił wszystko, aby odnieść sukces i go osiągnął.
Jego inteligencja w zarządzaniu jest niezaprzeczalna.
Ponadto nosi swoje serce na rękawie, ponieważ jego firma
ma na celu zapobieganie głodowi. W konsekwencji uosabia
idealnego mężczyznę dla zwykłych kobiet: piękny, bogaty i
hojny. Jeśli chodzi o jego osobiste udręki, to tylko dodają mu
doskonałości, ponieważ nadają mu stronę złego chłopca,

która jest bardzo modna, i zachęcają kobiety do matkowania posiniaczonemu mężczyźnie, którego każda stereotypowa kobieta ma zamiar uzdrowić i zmienić.

Co więcej, motyw baśni przejawia się w całej ich historii: na końcu powieści Anastasia i Christian żyją długo i szczęśliwie w ogromnym domu w idyllicznej scenerii, otoczeni przez swoich przyjaciół i rodzinę. Są dumnymi rodzicami dwójki dzieci, chłopca i dziewczynki. Ich życie zawodowe również jest wymarzone, ponieważ Christian nadal jest dyrektorem generalnym, podczas gdy Anastasia również nim zostaje, dzięki niemu.

Krótko mówiąc, trylogia E.L. James rewiduje wszystkie frazesy obecne w baśniach z naszego dzieciństwa, dodając do nich nutkę erotyzmu. Można zatem dokonać analogii między bohaterami powieści a bohaterami niektórych mitów czy baśni, takich jak:

- *Piękna i Bestia.* Anastazja znajduje się w niewoli złego potwora, jakim jest Christian Grey. Początkowo stawia mu niejasny opór, ale w końcu całkowicie ulega jego czarowi. Po zakochaniu, Ana uświadamia sobie, że poza perwersyjną potwornością Christiana, jest on wrażliwym i hojnym księciem, podobnie jak Belle uległa urokowi i darom bestii, ostatecznie przyjmując jego propozycję małżeństwa. To właśnie wtedy potwór zostaje przemieniony w księcia;

- *Kopciuszek.* Kopciuszek była maltretowana przez macochę i przyrodnie siostry, nigdy się nie buntując i tylko czekając na zewnętrzne wydarzenie, które uwolni ją od nieszczęścia. W tym celu pomaga jej wydarzenie losowe: organizacja balu przez króla, który szuka żony dla swojego syna. Jej wróżka chrzestna wykorzystuje swoje magiczne moce, aby stworzyć piękną suknię i karocę, aby mogła wziąć w nim udział. Kopciuszek jest więc młodą kobietą, która czeka, aż jej życie zostanie odmienione przez nieznaną osobę. Anastasia jest łatwo rozpoznawalna w tym portrecie, ponieważ otacza się ludźmi, którzy mówią jej, co ma robić i szuka księcia, który nada znaczenie jej znikomości;

• *Griselda.* Bogaty, piękny i potężny książę znajduje pasterkę Griseldę, która jest jego ideałem kobiety. "Bez pychy i próżności, posłuszna, z wypróbowaną i sprawdzoną cierpliwością, a przede wszystkim bez własnej woli dominacji". Przypomina nam to "księcia Christiana", który nastawił się na niewinną Anastasię.

Powieść przywołuje również biblijny epizod Adama i Ewy. Ewa została ukształtowana przez Boga, by być u boku Adama, zanim zjadła zakazany owoc i oddała kawałek Adamowi. Gniew Boga skazał ją na pożądanie tylko męża i uległość wobec niego: "Twoim pragnieniem będzie twój mąż, i on będzie panował nad tobą" (Rdz 3,16).

## SZEROKO KRYTYKOWANA PRACA

Mimo ogromnego sukcesu powieści wśród czytelników na całym świecie, prasa nie była łaskawa dla erotycznej twórczości Eriki Leonard:

> *"Chociaż tłumacz twierdzi, że zredagował szorstkość oryginalnego tekstu, 'Psiakrew' i 'Kurwa' regularnie przebijają akapity powieści. Jest też kilka przypadków 'Jasny gwint' i 'Wow'..." (Le Figaro)*

*"Na domiar złego brak badań nad BDSM (skrót od Bondage and Discipline, Dominance and Submission, Sadomasochism) jest wyraźny, a sposób przedstawiania seksualności nierealistyczny." (Le Figaro)*

*[...] Pięćdziesiąt twarzy Greya nie wywołałoby rumieńców u czytelniczki Historii O (powieść erotyczna Pauline Réage, 1954), a już na pewno nie porwałoby fana Sade'a (francuski pisarz, 1740-1814). Fabuła? Seksualna uległość Anastasii Steele. Ta studentka literatury, wciąż dziewica w wieku 21 lat, ulega urokowi miliardera Christiana Greya, wyrafinowanego estety i doskonałego pianisty, który nigdy nie zapomina dostarczyć worków z ryżem do Darfuru (słyszeliście nas!). Z nim ma ona dwa orgazmy podczas ich pierwszych wybryków. Co lepsze, ona szczytuje, gdy tylko on ją dotyka (Le Monde).*

Tym samym bestseller został poddany ostrej krytyce. Krytycy skupili się głównie na następujących elementach:

- Zupełnie nierealistyczne sceny seksu. Anastasia Steele to młoda kobieta w wieku 21 lat, dziewica, naiwna i niewinna. Jednak podczas pierwszego stosunku z Christianem Greyem osiąga orgazm z łatwością, co dla młodej niedoświadczonej kobiety, która nigdy nie zgłębiała własnej przyjemności, jest niemal niemożliwe. Podobnie jest w przypadku kolejnych scen seksualnych: Anastazja systematycznie osiąga rzadką intensywność orgazmu w mniej niż minutę, i często na proste żądanie jej kochanka. Co więcej, regularnie szczytują jednocześnie. Nie trzeba dodawać, że te opisy to czysta fantazja; brak realizmu czyni te sceny ledwie wiarygodnymi. Niektórzy powiązali trylogię z nowoczesnym podręcznikiem edukacji seksualnej; w rzeczywistości jednak niewiele lub nic nie dzieje się tak, jak w powieści, a udawanie, że jest inaczej, niesie ze sobą ryzyko podsunięcia wielu czytelnikom niewłaściwych pomysłów;

- Prosty sposób pisania. Styl i użyte słownictwo są proste, wręcz ubogie. Występuje wiele powtórzeń, a autorka często używa znanych sformułowań. Nie ma więc eksperymentów ze stylem i prób stworzenia bardziej dopracowanej, literackiej prozy;

- Liczne stereotypy. Historia dotyczy księżniczki i księcia z bajki, co nadaje powieści element współczesnej bajki. Anastasia, nieśmiała, nieporadna i niewinna młoda kobieta poznaje Christiana Greya, bogatego, potężnego, pięknego i inteligentnego mężczyznę. On ratuje ją z lochu jej dziewictwa i po wielu przygodach biorą ślub i żyją długo i szczęśliwie z dziećmi. W ten sposób autorka przedstawia często wykorzystywane archetypy kobiety i mężczyzny. Jednak pewne elementy zostają wprowadzone, aby ubarwić te stereotypy. Ponadto autorka próbuje nam wmówić, że Anastasia jest tak naprawdę silną postacią, podczas gdy Christian jest kruchy z powodu traumy z dzieciństwa. Ona jednak jest mu ślepo posłuszna mimo pewnych prób buntu. Warto dodać, że autorka dodaje kilka policyjnych intryg, jak to bywa modne w popularnych powieściach, ponieważ Jack Hyde chce się zemścić na Christianie, a jego byłe siostry, zielone z zazdrości, atakują Anę. Czytelnik dość szybko domyśla się wyniku tych intryg, nawet jeśli robi się wszystko, by utrzymać napięcie i opóźnić epilog.

## 'MOMMY PORN' I PRZYCZYNY SUKCESU

Jak więc możemy wyjaśnić sukces trylogii? Aby znaleźć odpowiedź musimy zbadać elementy "mommy porn" i powieści sentymentalnej, czyli obu dziedzin, w których specjalizuje się firma wydawnicza, Harlequin (kanadyjska firma wydawnicza, założona w 1949 roku).

Prawdziwy fenomen w Stanach Zjednoczonych, trylogia E.L. James dała początek nowemu gatunkowi – "mommy porn". Odnosi się to do powieści erotycznej, która łączy sentymentalny romans ze scenami seksualnymi lub nawet sadomasochistycznymi. Krótko mówiąc, jest to sojusz między literaturą romantyczną i erotyczną.

Sukces tego nowego gatunku bez wątpienia ma wiele przyczyn:

- W Ameryce edukacja seksualna jest nadmiernie sztywna. O czym może świadczyć wycofanie powieści, ocenionych jako pornograficzne, z bibliotek w Wisconsin, Georgii i na Florydzie. A przecież opisane w nich sceny seksu zawierają bardzo mało obraźliwych słów. Ten purytanizm rodzi skromność wśród amerykańskich kobiet, które często są pod tym względem bardzo konserwatywne. W związku z tym dzieła E.L. James umożliwiły im dostęp do alternatywnego podejścia do seksu i opisów praktyk, które mogą zainspirować lub rozbudzić ich własną seksualność. Powieść rozbudziła ciekawość seksualną Amerykanów. W mniejszym stopniu dotyczy to Europy, gdzie literatura erotyczna od dawna była dostępna;

- Cyfrowa wersja bestsellera sprawiła, że można dyskretnie kupić powieść, pobierając ją w domu, bez konieczności znoszenia rozbawionych spojrzeń kasjerów. To samo dotyczy lektury: nie trzeba się wstydzić, że czyta się ją w komunikacji miejskiej. Dlatego eBook w znacznym stopniu przyczynił się do jej szerokiej dystrybucji;

- Okazuje się, że literatura erotyczna ma realny wpływ na kobiece pożądanie seksualne. Rzeczywiście, pozwala kobietom ustanowić dla siebie przestrzeń czasową, w której mogą skupić się na seksie i swoich pragnieniach. Ponadto wiele niedopowiedzianych rzeczy w romansach erotycznych zaprasza czytelniczki do współtworzenia scenariuszy i pobudza ich wyobraźnię;

- Mommy porn stanowi również krok dalej w seksualnym wyzwoleniu kobiet, poprzez uznanie ich własnego popędu seksualnego, który nie wyraża się już wyłącznie w postaci konwencjonalnych pragnień, ale przybiera formy fantazji należących wcześniej tylko do mężczyzn.

Autorka nie zgadza się jednak z wybranym przez dziennikarzy określeniem "mommy porn". Uważa to określenie za nieprzyjemne, mizoginiczne i uwłaczające matkom, które w założeniu nie wiedzą nic o seksie. Ponadto twierdzi, że jej książki to przede wszystkim historie miłosne. Nie chce, by kojarzono je z pornografią.

W związku z tym *Pięćdziesiąt twarzy Greya, Ciemniejsza strona Greya* i *Nowe oblicze Greya* to powieści romansowe, a klucze do ich sukcesu są takie same jak w przypadku powieści sentymentalnych:

- Trylogia pozwala czytelnikom, których życie miłosne często jest dalekie od ideału, utożsamić się z bohaterką, która przeżywa idealny romans. Dzięki temu nie tracą wiary i mogą fantazjować. Powieść sentymentalna pozwala czytelnikowi uciec w marzenia, w których dominuje optymistyczna wizja miłości;

- Szczęśliwe zakończenia dają czytelnikowi szansę na ucieczkę od codzienności i rozładowanie stresu. Stereotypy pełnią tę samą rolę: dodają otuchy i koją frustracje. Lektura tych powieści jest więc chwilą czystego relaksu;

- Powtarzanie klasycznej fabuły (bohaterowie spotykają się i zakochują, choć różnią się od siebie – z powodów społecznych lub osobowościowych – antagonizm stawia im kilka przeszkód, ale ich miłość zwycięża) prowadzi do uzależnienia kobiecej części czytelników.

Co więcej, dobrze zaplanowane rozwiązania marketingowe również są przyczyną spektakularnego sukcesu. Oczywiście okładki trylogii (krawat, maska i kajdanki) sugerują, że książki przepełnione są namiętną erotyką. Podobnie na tylnych okładkach znajdują się takie słowa jak "namiętny romans" czy "wyzwalający" oraz "To jest powieść, która cię obsesyjnie opęta, posiądzie". Słowa te sugerują gorący romans, który pozostawi cię w zachwycie. Jednak dopiero w ósmym rozdziale pierwszej książki pojawia się pierwsza scena seksu. Jednak *Pięćdziesiąt twarzy Greya* tworzy iluzję, by zwabić czytelników lubujących się w tego typu literaturze.

W końcu duży wpływ na boom sprzedaży miał efekt bestsellera, tym bardziej, że trylogia była pierwotnie inspirowana serią Zmierzch autorstwa Stephanie Meyer. Premierze książki towarzyszyła również premiera oryginalnej ścieżki dźwiękowej, na którą składa się kompilacja ulubionych utworów Christiana z muzyki klasycznej. Ponadto powieściopisarka nawiązała współpracę z producentem seks-zabawek w celu komercjalizacji akcesoriów erotycznych podobnych do tych opisanych w książce, a w 2014 roku ukazała się adaptacja filmowa: machina komercyjna otaczająca trylogię wspiera zatem jej sukces.

# DALSZA REFLEKSJA

## KILKA PYTAŃ DO PRZEMYŚLENIA...

* Jakie jest dominujące pole leksykalne w trylogii? Co można powiedzieć o słownictwie? Jaki typ języka jest używany?

* Jaki związek można ustalić między gatunkiem literackim, do którego należy *Pięćdziesiąt twarzy Greya,* a słownictwem użytym przez autorkę?

* Rozważ wszystkie stereotypy obecne w powieści i wyjaśnij ich atrakcyjność dla czytelnika.

* Jak w powieściach reprezentowani są mężczyźni i kobiety?

* Jakie są podobieństwa między książkami E.L. James a wydawnictwem Harlequin?

* Co ma wspólnego z bajkami?

* Co sądzisz o używanym przez prasę określeniu "mommy porn"?

* Trylogia E.L. James to ucieleśnienie amerykańskiego snu. Dlaczego?

* Jak wytłumaczyć jej sukces?

# DALSZA LEKTURA

## WYDANIE REFERENCYJNE

James, E.L. (2015) *Fifty Shades of Grey & Grey*. London: Arrow Books.

## OPRACOWANIE ŹRÓDŁOWE

Houel, A. (1997) *Le Roman d'amour et sa lectrice*. Paris: L'Harmattan.

*Chcemy usłyszeć od Ciebie, co się dzieje!*
*Zostaw komentarz na temat swojej internetowej biblioteki*
*i podziel się swoimi ulubionymi książkami w mediach społecznościowych!*

Wydawca zapewnia o wiarygodności publikowanych informacji, co jednak nie może wiązać się z jego odpowiedzialnością.

www.50minutes.com

Master ISBN: 9782808695183
Papierowy ISBN: 9782808616584
Depozyt prawny: D/2023/12603/1938

Verhaal: © Primento

Projekt cyfrowy: Primento, cyfrowy partner wydawców.